Logli Leseförderung

Susanne Blesius

Zwei Hunde machen Ferien

Illustrationen von Sigrid Leberer

Loewe

Endlich Ferien!

Tim kommt von der Schule nach Hause.
Wie immer erwartet ihn sein Hund schon
und wedelt mit dem Schwanz.
„Hallo, Kira!“, ruft Tim. „Komm her!“
Das lässt Kira sich nicht zweimal sagen.
Sie rennt los und springt an Tim hoch.

Zusammen gehen sie ins Wohnzimmer.
„Hallo, Mama!“, sagt Tim.
Mama lächelt ihn an:
„Na, endlich Ferien?“
Tim nickt. Ja, endlich ist es so weit!

Welches Bild passt zum Text? Kreuze es an.

☐ Kira springt an Tim hoch.

☐ Mama streichelt Tim.

☐ Tim streichelt seine Katze.

☐ Tim springt an Kira hoch.

Morgen fährt Tim

mit seiner Familie in den Urlaub.

Sie wollen ans Meer fahren.

Dort waren sie schon oft.

Tim freut sich besonders

auf den Strand.

Riesige Burgen aus Sand

will er bauen

und stundenlang

in den hohen Wellen toben.

„Kira wird es bestimmt auch gefallen“,

denkt Tim und strahlt.

Das wird ihr erster gemeinsamer Urlaub!

Was will Tim im Urlaub machen?
Unterstreiche die beiden richtigen Sätze.

Tim will Fische fangen.

Tim will Sandburgen bauen.

Tim will in den Wellen toben.

Tim will in seiner Nase bohren.

Koffer packen

„Ich packe schon mal meinen Koffer“,
sagt Tim entschlossen.
„Mach erst mal eine Liste“, meint Mama.

„Ach, Mama“, stöhnt Tim.
„Es ist doch klar, was ich brauche:
meine Badehose,
meine Taucherflossen,
den Schnorchel,
die Schaufel,
eine kurze Hose
und ein T-Shirt!“

LESE-RÄTSEL

Was möchte Tim mit in den Urlaub nehmen?
Verbinde die richtigen Sachen mit dem Koffer.

„Und dann brauche ich noch Kiras Sachen“,
fährt Tim fort.

„Den Fressnapf, die Decke und die Leine.“
„Wieso brauchst du Kiras Sachen?“,
fragt Mama und seufzt.
„Tim, wir haben doch darüber gesprochen,
dass Kira nicht mit ans Meer fahren kann.
Sie kommt hier in die Tierpension.
Dort wird sicher gut für sie gesorgt.“

Tim wird ganz blass.
Also meinen seine Eltern es ernst?
Kira soll wirklich hier bleiben?
Das kann doch nicht wahr sein!

Wo kommt Kira hin? Kreuze das richtige Bild an.

- [x] In eine Tierpension

- [ ] In den Zirkus

- [ ] Zu Tims Oma

- [ ] Auf den Mond

Urlaub ohne Kira?

„Aber Mama", ruft Tim entsetzt,
„Kira war doch noch nie von uns weg!"
„Das stimmt", erwidert Mama.
„Sie ist ja auch noch sehr jung.
Aber jetzt muss sie leider hier bleiben.
In unserem Hotel sind Hunde verboten!"

Tim merkt, wie Tränen in ihm hochsteigen.
„Dann bleibe ich eben auch hier!"
„Ach Tim, sei nicht albern", sagt Mama.
„Kira wird sich in der Tierpension
bestimmt sehr wohl fühlen."

Welches Schild gehört zum Hotel?
Male es an.

Wütend rennt Tim zur Tür hinaus.
Seine Mutter will ihn
einfach nicht verstehen!
Ohne Kira macht ihm
der ganze Urlaub keinen Spaß.

Tim läuft zum Gartenhaus.
Er will jetzt allein sein,
und das kann er dort am besten.
Im Gartenhaus hat er sich
eine Kuschelecke eingerichtet.
Die ist nur für ihn und Kira.
Wenn Tim wütend oder traurig ist,
kommt er oft hierher.

LESE-RÄTSEL

Zu welchem Haus läuft Tim?

Male einen Pfeil zur richtigen Stelle.

Laras Idee

Plötzlich klopft es an der Tür.

Lara, Tims Schwester, steht davor.

„Darf ich reinkommen?“, fragt sie.

Tim nickt nur.

Dicke Tränen rollen über sein Gesicht.

„Was ist denn los?“, will Lara wissen.

Da erzählt Tim die ganze Geschichte.

„Aber wenn doch im Hotel

Hunde verboten sind“, meint Lara.

„Dann können Mama und Papa

auch nichts daran ändern, oder?“

Ergänze die Sätze so, dass sie zur Geschichte passen. Lies im Text nach.

Lara, Tims ____________________, steht vor der Tür.

Tim erzählt die ganze ____________________ .

Mama und Papa können ____________ daran ändern.

„Was hältst du davon,
wenn wir uns die Pension mal angucken?“,
schlägt Lara schließlich vor.

„Meinst du?“, fragt Tim unsicher.
„Klar! Das ist immer noch besser,
als hier herumzusitzen“, erwidert Lara.

Tim und Lara fahren mit dem Fahrrad.
Kira nehmen sie mit.
Schließlich geht es ja um sie.

„Da ist es!“
Lara zeigt auf ein Haus.
Sie stellen ihre Räder an die Mauer
und laufen zum Tor der Tierpension.

LESE-RÄTSEL

Zu jedem Bild passt genau ein Satz.
Streiche jeweils den falschen Satz durch.

Tim und Lara fahren mit dem Fahrrad.

Tim und Lara fahren mit dem Dreirad.

Kira nehmen sie mit.

Mama nehmen sie mit.

Sie laufen zum Tor der Tierpension.

Sie laufen zum Tor des Tiergartens.

Die Tierpension

Eine Frau kommt auf sie zu.
„Hallo!“, grüßt sie freundlich.
„Ich bin Frau Klammer.
Kann ich euch helfen?“

Lara erklärt, weshalb sie da sind.
„Na, dann zeige ich euch mal alles.
Kommt mit!“, lädt Frau Klammer sie ein.

Die Kinder schauen sich ganz genau um:
Es gibt einen Hof, eine große Wiese
und sogar einen Hundeplatz.
Auf dem können sich die Hunde austoben.

Hier stimmt was nicht.
Kannst du den Fehler entdecken? Kreise ihn ein.

„Guck mal“, sagt Lara zu Tim.

„Ist der nicht süß?“

Ein Hund mit langen Schlappohren

läuft auf sie zu.

„Das ist Rübe“, erklärt Frau Klammer.

„Seine Besitzer haben ihn nicht abgeholt,

und wir wollen ihn nicht ins Heim geben.“

Tim und Lara staunen.

Dass jemand seinen eigenen Hund

nicht mehr abholen will!

Das können sie nicht verstehen.

Kira und Rübe rennen über die Wiese.

Sie haben sich gleich angefreundet.

Wie heißt der Hund, mit dem Kira sich angefreundet hat? Schreibe seinen Namen auf das Halsband.

Abschied

„Was meint ihr?“, fragt Frau Klammer.
„Könnte sich Kira bei uns wohl fühlen?“
Die Kinder schauen sich an und nicken.
Eigentlich ist es doch sehr nett hier.
Und es sind ja nur zwei Wochen.

Am nächsten Tag ist es so weit.
Die Koffer sind gepackt.
„Dann bringe ich jetzt Kira weg“,
sagt Papa schließlich.
Tim und Lara gehen mit zum Auto.
Ganz wohl ist ihnen nicht dabei.

LESE-RÄTSEL

Wer bringt Kira zur Tierpension?
Kreuze die richtige Person an.

„Mach’s gut.“

Tim krault Kira hinter den Ohren.

Da, wo sie es am liebsten hat.

Lara streichelt Kiras Kopf.

„Tschüss“, sagt sie zärtlich.

„Wir müssen fahren“, ruft Papa.

Kira springt auf den Rücksitz,

und schon fahren sie los.

Die Kinder winken,

bis das Auto nicht mehr zu sehen ist.

„Kopf hoch, ihr zwei“, sagt Mama.

„Wir machen uns eine schöne Zeit am Meer,

und Kira hat einen tollen Tierurlaub.“

LESE-RÄTSEL

Ordne die Bilder, und schreibe die Zahlen von 1 bis 4 dazu.

Der Anruf

Nach einer Woche Urlaub

klingelt plötzlich Papas Handy.

„König?“, meldet er sich.

„Was?“

Papa springt auf.

„Wie konnte denn das passieren?“,

hört Tim seinen Vater fragen.

„Ja, ich verstehe.“

Dann legt er auf.

„Was ist passiert?“, fragt Mama.

Ratlos schaut er sie an: „Kira ist weg!“

LESE-RÄTSEL

Welcher Satz ist falsch? Streiche ihn durch.

Plötzlich klingelt Papas Handy.

Papa macht einen Purzelbaum.

Kira ist verschwunden.

„Sie ist gemeinsam mit
einem anderen Hund weggelaufen“,
erklärt Tims Vater dann.
„Jemand hat das Tor aufgelassen.“
„Papa!“, ruft Tim.
Er ist ganz aufgeregt.
„Wir müssen sie suchen!“
„Ja, du hast Recht“, antwortet Papa.
„Wir fahren nach Hause!“

„Wo kann Kira denn nur sein?
Hoffentlich ist ihr nichts passiert.“
Tausend Gedanken rasen durch Tims Kopf.
Wie konnten sie nur ohne Kira verreisen?

LESE-RÄTSEL

Kira ist weg. Wie konnte das passieren?
Kreuze das richtige Bild an.

Keine Spur von Kira

Nach einer langen Autofahrt
kommen sie endlich zu Hause an.
„Ich fahre zur Tierpension“, sagt Papa.
„Vielleicht gibt es ja was Neues.“
„Und ich rufe bei der Polizei
und im Tierheim an“, meint Mama.
„Vielleicht hat sie jemand gefunden.“

„Wir machen uns mit dem Fahrrad
auf die Suche nach Kira“,
beschließen Tim und Lara.
Schnell holen sie ihre Räder.

LESE-RÄTSEL

Welches Bild passt nicht zum Text?
Streiche es durch.

Nichts!

Erschöpft sinken Tim und Lara aufs Sofa.

Den ganzen Nachmittag

waren sie unterwegs.

Aber sie haben nicht die kleinste Spur

von Kira gefunden:

nicht im Wald, nicht in den Wiesen und

auch nicht in den Feldern.

„Jetzt, wo es dunkel wird,

hat es keinen Sinn mehr“, sagt Mama.

„Lasst uns morgen weitersuchen.“

Aber Tim und Lara sind zu aufgeregt.

Sie müssen doch etwas tun!

LESE-RÄTSEL

Wo haben Tim und Lara nach Kira gesucht?
Kreuze die richtigen Stellen an.

Plakate

„Lasst uns Plakate
mit Kiras Bild machen.
Die können wir dann morgen aufhängen“,
schlägt Tim vor.
Das ist eine gute Idee!

Eifrig gehen alle an die Arbeit.
Lara und Mama schreiben den Text.
Tim und Papa suchen nach Fotos von Kira.
Die kleben sie mitten auf die Plakate.
„Fertig!“, sagt Lara zufrieden,
als alle Plakate vor ihnen liegen.

LESE-RÄTSEL

Was kleben sie mitten auf die Plakate?
Kreise unten das richtige Bild ein.

„Jetzt aber ab ins Bett“, sagt Papa.
„Wenn wir morgen weitersuchen wollen,
müssen wir ausgeschlafen sein.“

Am nächsten Morgen ist Tim früh wach.
Leise schleicht er sich aus dem Haus.
In seinem Rucksack
trägt er die Plakate.

Tim verteilt sie in der ganzen Stadt.
Einige hängt er an Bäumen auf,
andere gibt er in Geschäften ab.
Dann saust er schnell wieder nach Hause.
Wer weiß,
vielleicht ruft ja schon bald jemand an?

LESE-RÄTSEL

Hier stimmt was nicht.
Kreise unten die beiden Fehler ein.

Urlaub im Gartenhaus

Nach zwei Stunden endlosem Warten
ist Tim verzweifelt.
Traurig läuft er zum Gartenhaus –
und traut seinen Augen kaum.
In der Kuschelecke liegen Kira und Rübe!

„Na, so was“, lacht Papa später.
„Das ist ja richtig gemütlich hier!
Vielleicht sollten wir unsere Ferien immer
gemeinsam mit Kira und Rübe verbringen!“
Tim und Lara strahlen.
Das ist eine prima Idee!

LESE-RÄTSEL

Welche Wörter fehlen?

Lies nach, und ergänze richtig.

Traurig läuft Tim zum ____________________ .

In der Kuschelecke liegen __________ und __________ !

Tim und Lara ______________ .

Lösungen

Seite 3: Das Bild, in dem Kira an Tim hochspringt, passt zum Text.

Seite 5: Diese Sätze sind richtig:
Tim will Sandburgen bauen.
Tim will in den Wellen toben.

Seite 7: Tim nimmt eine Badehose, Taucherflossen, einen Schnorchel, eine Schaufel, eine kurze Hose und ein T-Shirt mit in den Urlaub.

Seite 9: Kira kommt in eine Tierpension.

Seite 11: Das Schild, auf dem steht „Hunde verboten“, gehört zum Hotel.

Seite 13: Tim läuft zum Gartenhaus.

Seite 15: Lara, Tims *Schwester*, steht vor der Tür.
Tim erzählt die ganze *Geschichte*.
Mama und Papa können *auch nichts* daran ändern.

Seite 17: Diese Sätze sind falsch:
Tim und Lara fahren mit dem Dreirad.
Mama nehmen sie mit.
Sie laufen zum Tor des Tiergartens.

Seite 19: Das stimmt nicht auf dem Bild:
Die Frau schaut böse statt freundlich.

Seite 21: Der Hund heißt *Rübe*.

Seite 23: Papa bringt Kira zur Tierpension.

Seite 25: Das ist die richtige Reihenfolge:

Seite 27: Dieser Satz ist falsch:
Papa macht einen Purzelbaum.

Seite 29: Das richtige Bild ist das, in dem Kira durch das offene Tor rennt.

Seite 31: Das Bild, in dem Frau Klammer mit Kira spielt, ist falsch.